金剛般若波羅蜜經

독송본

慧亭 孫昔哉 先生님(1882~1959)

혜정 손석재 선생님은

백성욱 박사의 스승이십니다.

손석재 선생님 법어

법이다.
보아라.

비우고 비우고 또 비워
티끌만한
미세한 분별도 있지 아니한 그 자리
무량대복無量大福이 꽉 찬 그 자리
이 세상 모든 중생에게 다 나누어 주어도
조금도 줄어들지 아니하고
그대로 있는 그 자리

밝기가 낮과 같이 밝되 무내외無內外라
안팎 없이 밝은 이 보배를
너에게 주노니
네가 지킬 테냐?

白性郁 博士님 (1897~1981)

한국 최초 철학박사
독일 Würzburg 대학교 1925
금강산 출가 수도 1926~1936
내무부 장관 1950
동국대학교 총장 1953~1961
금강경 수도법으로 후학 지도
경기도 부천시 소사도량 1962~1972

백성욱 박사님 말씀

몸도 마음도 탐욕과 진심과 어리석음도
부처님께 바치고, 기쁨도 슬픔도 근심도 고통도
모두 바쳐야 한다.

모든 것을 부처님께 바칠 때 평안平安이 오고,
일체를 바치고 났을 때 법열法悅이 생기는 것이다.

나는 부처님 곁을 떠나는 날이 없다.
나의 마음속에 그리고 나의 생활 속에는 항상
부처님이 계시다.

나의 이러한 신앙심은 내가 부처님과 인연을
맺은 날부터 지금에 이르도록 변함이 없다.

나의 모든 고행은 명리名利를 얻고자 함이 아니요,
다만 모든 것을 부처님께 바치는
수행修行 과정이었고 구도求道 행각行脚이었다.

金剛般若波羅蜜經

姚秦 三藏法師 鳩摩羅什 奉詔譯
大韓佛敎曹溪宗 敎育院 漢編譯
白性郁 博士 懸吐

○ 法會因由分 第一

如是我聞하사오니 一時에 佛이 在舍衛國 祇樹給孤獨園하사 與大比丘衆千二百五十人으로 俱하시다 爾時에 世尊이 食時에 着衣持鉢하시고 入舍衛大城하사 乞食하실새 於其城中에 次第乞已하시고 還至本處하사 飯食訖하시고 收衣鉢하시고 洗足已하시고 敷座而坐하시다

○ 善現起請分 第二

時에 長老須菩提 在大衆中하야 卽從座起하고 偏袒右肩하고 右膝着地하고 合掌恭敬하야 而白佛言하되

希有世尊하 如來 善_護念諸菩薩하시며 善_付囑諸菩薩하시나니까 世尊하 善男子善女人이 發阿耨多羅三藐三菩提心인데는 應_云何住며 云何降伏其心이니잇고

佛言하사되

善哉善哉라 須菩提야 如汝所說하야 如來 善_護念諸菩薩하시며 善_付囑諸菩薩하시나니라 汝今諦聽하라 當爲汝說하리라 善男子善女人이 發阿耨多羅三藐三菩提心인데는 應_如是住며 如是降伏其心이니라

唯然이니이다 世尊하 願樂欲聞하나이다

○ 大乘正宗分 第三

佛告須菩提하사되

諸菩薩摩訶薩이 應如是降伏其心이니 所有一切衆生之類 若_卵生 若_胎生 若_濕生 若_化生 若_有色 若_無色 若_有想 若_無想 若_非有想非無想을 我皆令入無餘涅槃하야 而滅度之하리라하라 如是滅度無量無數無邊衆生하되 實無衆生이 得滅度者니라 何以故오 須菩提야 若菩薩이 有我相人相衆生相壽者相이면 卽非菩薩이니라

○ 妙行無住分 第四

復次須菩提야 菩薩은 於法에 應無所住하야 行於布施니 所謂 不住色布施며 不住聲

香味觸法布施니라 須菩提야 菩薩은 應_如是布施하야 不住於相이니 何以故오 若_菩薩이 不住相布施면는 其福德은 不可思量하리라 須菩提야 於意云何오 東方虛空을 可思量不아

不也니다 世尊하

須菩提야 南西北方四維上下虛空을 可思量不아

不也니다 世尊하

須菩提야 菩薩의 無住相布施福德이 亦復如是하야 不可思量이니라 須菩提야 菩薩은 但應如所敎住니라

○ 如理實見分 第五

須菩提야 於意云何오 可以身相으로 見_如

來不아

不也니다 世尊하 不可以身相으로 得見如來니 何以故오 如來所說身相이 卽非身相이니이다

佛告須菩提하사되
　　凡所有相은 皆是虛妄이라
　　若見諸相이 非相이면 則見如來니라

○ 正信希有分 第六

須菩提白佛言하되

世尊하 頗有衆生이 得聞如是言說章句하고 生_實信不잇가

佛告須菩提하사되

莫作是說하라 如來滅後 後五百歲에 有_持戒修福者 於此章句에 能生信心하야 以

此爲實하면 當知是人은 不於一佛二佛三四五佛 而種善根이라 已於無量千萬佛所에 種諸善根하고 聞是章句하고 乃至一念이나 生_淨信者니라 須菩提야 如來 悉知悉見是諸衆生이 得_如是無量福德이니 何以故오 是諸衆生은 無復我相人相衆生相壽者相이며 無法相이며 亦無非法相이니라 何以故오 是諸衆生이 若心取相이면 則爲着我人衆生壽者며 若取法相이라도 卽着我人衆生壽者니 何以故오 若取非法相인데는 卽着我人衆生壽者니라 是故로 不應取法이며 不應取非法이니 以是義故로 如來常說하사되 汝等比丘는 知我說法을 如筏喩者니 法尙應捨온 何況非法이랴

○ 無得無說分 第七

須菩提야 於意云何오 如來 得阿耨多羅三藐三菩提耶아 如來 有所說法耶아

須菩提言하되

如我解佛所說義로는 無有定法을 名阿耨多羅三藐三菩提며 亦無有定法을 如來可說이니 何以故오 如來所說法은 皆不可取며 不可說이며 非法이며 非_非法이니이다 所以者何오 一切賢聖이 皆以無爲法에 而有差別이시니이다

○ 依法出生分 第八

須菩提야 於意云何오 若人이 滿三千大千世界七寶로 以用布施하면 是人의 所得福德이 寧爲多不아

須菩提言하되

甚多니다 世尊하 何以故오 是福德이 卽非福德性일새 是故로 如來說 福德多니이다
若復有人이 於此經中에 受持乃至四句偈等하야 爲他人說하면 其福이 勝彼니 何以故오 須菩提야 一切諸佛과 及諸佛阿耨多羅三藐三菩提法이 皆從此經이 出이니라 須菩提야 所謂 佛法者는 卽非佛法이니라

○ 一相無相分 第九

須菩提야 於意云何오 須陀洹이 能作是念이면 我得須陀洹果不아
須菩提言하되
不也니다 世尊하 何以故오 須陀洹은 名爲入流로되 而無所入하야 不入色聲香味觸

法이 是名須陀洹이니이다

須菩提야 於意云何오 斯陀含이 能作是念이면 我得斯陀含果不아

須菩提言하되

不也니다 世尊하 何以故오 斯陀含은 名이 一往來로되 而實無往來ㄹ새 是名斯陀含이니이다

須菩提야 於意云何오 阿那含이 能作是念이면 我得阿那含果不아

須菩提言하되

不也니다 世尊하 何以故오 阿那含은 名爲不來로되 而實無不來ㄹ새 是故로 名이 阿那含이니이다

須菩提야 於意云何오 阿羅漢이 能作是念이면 我得阿羅漢道不아

須菩提言하되

不也니다 世尊하 何以故오 實無有法을 名이
阿羅漢이니이다 世尊하 若阿羅漢이 作是念
하되 我得阿羅漢道라하면 卽爲着我人衆生
壽者니이다 世尊하 佛說我得無諍三昧하야
人中最爲第一이라하시면 是第一離欲阿羅
漢이니이다 我不作是念하되 我是離欲阿羅
漢이니이다 世尊하 我若作是念하되 我得阿
羅漢道라하면 世尊하 則不說須菩提가 是
樂阿蘭那行者니 以須菩提 實無所行일새
而名須菩提 是樂阿蘭那行이니다

○ 莊嚴淨土分 第十

佛告須菩提하사되

於意云何오 如來 昔在然燈佛所에 於法에

有所得不아

不也니이다 世尊하 如來 在然燈佛所에 於法에 實無所得이시니이다

須菩提야 於意云何오 菩薩이 莊嚴佛土不아

不也니이다 世尊하 何以故오 莊嚴佛土者는 則非莊嚴일새 是名莊嚴이니이다

是故로 須菩提야 諸菩薩摩訶薩이 應如是生_淸淨心하되 不應住色生心이며 不應住聲香味觸法生心이며 應無所住하야 而生其心이니라 須菩提야 譬如有人이 身如須彌山王하면 於意云何오 是身이 爲大不아

須菩提言하되

甚大니이다 世尊하 何以故오 佛說非身이 是名大身이니이다

○ 無爲福勝分 第十一

須菩提야 如恒河中所有沙數如是沙等恒河를 於意云何오 是諸恒河沙가 寧爲多不아

須菩提言하되

甚多니다 世尊하 但諸恒河도 尙多無數온 何況其沙리니이까

須菩提야 我今에 實言으로 告汝하노니 若有善男子善女人이 以七寶滿_爾所恒河沙數三千大千世界以用布施하면 得福이 多不아

須菩提言하되

甚多니다 世尊하

佛告須菩提하사되

若善男子善女人이 於此經中에 乃至受

持四句偈等하야 爲他人說하면 而此福德은 勝前福德하리라

○ 尊重正教分 第十二

復次須菩提야 隨說是經하되 乃至四句偈等하면 當知此處는 一切世間天人阿修羅 皆應供養을 如佛塔廟은 何況有人이 盡能受持讀誦이랴 須菩提야 當知是人은 成就最上第一希有之法이니라 若是經典所在之處에는 則爲有佛커나 若尊重弟子니라

○ 如法受持分 第十三

爾時에 須菩提白佛言하되
世尊하 當何名此經이며 我等이 云何奉持니잇고

佛告須菩提하사되

是經은 名爲金剛般若波羅蜜이니 以是名字로 汝當奉持하라 所以者何오 須菩提야 佛說般若波羅蜜이 則非般若波羅蜜일새 是名般若波羅蜜이니라 須菩提야 於意云何오 如來 有所說法不아

須菩提白佛言하되

世尊하 如來 無所說이시니이다

須菩提야 於意云何오 三千大千世界所有 微塵이 是爲多不아

須菩提言하되

甚多니다 世尊하

須菩提야 諸微塵을 如來說 非微塵이 是名微塵이니라 如來說 世界가 非世界ㄹ새 是名世界니라 須菩提야 於意云何오 可以

三十二相으로 見_如來不아
不也니다 世尊하 不可以三十二相으로 得
見如來니 何以故오 如來說 三十二相이
卽是非相일새 是名三十二相이니이다
須菩提야 若有善男子善女人이 以_恒河
沙等身命으로 布施하고 若復有人이 於此
經中에 乃至受持四句偈等하야 爲他人說
하면 其福이 甚多니라

○ 離相寂滅分 第十四
爾時에 須菩提 聞說是經하고 深解義趣하고
涕淚悲泣하야 而白佛言하되
希有世尊하 佛說如是甚深經典하시니 我
從昔來에 所得慧眼으로는 未曾得聞如是
之經이니이다 世尊하 若復有人이 得聞是經

하고 信心이 淸淨하야 則生實相하면 當知是人은 成就第一希有功德이니이다 世尊하 是實相者 則是非相일새 是故로 如來說 名實相이니이다 世尊하 我今에 得聞如是經典하고 信解受持는 不足爲難이어니와 若當來世後五百歲에 其有衆生이 得聞是經하고 信解受持하면 是人은 則爲第一希有니 何以故오 此人은 無我相無人相無衆生相無壽者相이니 所以者何오 我相이 即是非相이며 人相衆生相壽者相이 即是非相이니 何以故오 離一切諸相하면 則名諸佛이니이다 佛告須菩提하사되

如是如是니라 若復有人이 得聞是經하고 不驚不怖不畏하면 當知是人은 甚爲希有니 何以故오 須菩提야 如來說 第一波羅

蜜이 非第一波羅蜜일새 是名第一波羅蜜이니라

須菩提야 忍辱波羅蜜을 如來說 非忍辱波羅蜜이니라 何以故오 須菩提야 如我昔爲歌利王의 割截身體할새 我於爾時에 無我相無人相無衆生相無壽者相이니 何以故오 我於往昔節節支解時에 若有我相人相衆生相壽者相이면 應生瞋恨하리라

須菩提야 又念하니 過去於 五百世에 作忍辱仙人할새 於爾所世에 無我相無人相無衆生相無壽者相이니 是故로 須菩提야 菩薩은 應離一切相하고 發阿耨多羅三藐三菩提心일새 不應住色生心이며 不應住聲香味觸法生心이며 應生無所住心이니 若心有住면 則爲非住니라 是故로 佛說菩薩은

心不應住色布施니라 須菩提야 菩薩은 爲利益一切衆生하야 應如是布施니라 如來說 一切諸相이 卽是非相이며 又說一切衆生이 則非衆生이니라

須菩提야 如來는 是眞語者며 實語者며 如語者며 不誑語者며 不異語者니라 須菩提야 如來所得法은 此法이 無實無虛니라 須菩提야 若菩薩이 心住於法하고 而行布施하면 如人이 入闇에 則無所見이니라 若菩薩이 心不住法하고 而行布施하면 如人이 有目하고 日光이 明照하야 見種種色이니라 須菩提야 當來之世에 若有善男子善女人이 能於此經에 受持讀誦하면 則爲如來以佛智慧로 悉知是人하시며 悉見是人이 皆得成就 無量無邊功德이니라

○ 持經功德分 第十五

須菩提야 若有善男子善女人이 初日分에 以恒河沙等身으로 布施하고 中日分에 復以恒河沙等身으로 布施하고 後日分에 亦以恒河沙等身으로 布施如是無量百千萬億劫에 以身布施하고 若復有人이 聞此經典하고 信心이 不逆하면 其福이 勝彼니 何況書寫受持讀誦하야 爲人解說이랴 須菩提야 以要言之컨데는 是經이 有不可思議不可稱量無邊功德이니 如來 爲發大乘者說이시며 爲發最上乘者說이시니라 若有人이 能受持讀誦하야 廣爲人說하면 如來 悉知是人하시며 悉見是人이 皆得成就 不可量不可稱無有邊不可思議功德이니 如是人等은 則爲荷擔如來阿耨多羅三藐三菩提니

라 何以故오 須菩提야 若樂小法者는 着我見人見衆生見壽者見일새 則於此經에 不能聽受讀誦하야 爲人解說이니라 須菩提야 在在處處에 若有此經이면 一切世間天人阿修羅 所應供養하리니 當知此處는 則爲是塔이라 皆應恭敬作禮圍遶하야 以諸華香으로 而散其處니라

○ 能淨業障分 第十六

復次須菩提야 善男子善女人이 受持讀誦此經하되 若爲人輕賤하면 是人은 先世罪業으로 應墮惡道언마는 以今世人이 輕賤故로 先世罪業을 則爲消滅하고 當得阿耨多羅三藐三菩提니라 須菩提야 我念하니 過去無量阿僧祇劫에 於然燈佛前에 得値

八百四千萬億那由他諸佛하야 悉皆供養承事하야 無空過者니라 若復有人이 於後末世에 能受持讀誦此經하면 所得功德은 於我所供養諸佛功德이 百分에 不及一이며 千萬億分乃至算數譬喩에 所不能及이니라 須菩提야 若善男子善女人이 於後末世에 有受持讀誦此經하면 所得功德을 我若具說者ㄴ데는 或有人이 聞하고 心則狂亂하야 狐疑不信하리라 須菩提야 當知是經義가 不可思議일새 果報도 亦不可思議니라

○ 究竟無我分 第十七
爾時에 須菩提白佛言하되
世尊하 善男子善女人이 發阿耨多羅三藐三菩提心인데는 云何應住며 云何降伏其

心이니잇고

佛告須菩提하사되

善男子善女人이 發阿耨多羅三藐三菩提者ㄴ데는 當生如是心하되 我應滅度一切衆生하리라하라 滅度一切衆生已코는 而無有一衆生이 實滅度者니라 何以故오 須菩提야 若菩薩이 有我相人相衆生相壽者相이면 則非菩薩이니라 所以者何오 須菩提야 實無有法일새 發阿耨多羅三藐三菩提者니라 須菩提야 於意云何오 如來 於然燈佛所에 有法하야 得阿耨多羅三藐三菩提不아

不也니다 世尊하 如我解佛所說義로는 佛이 於然燈佛所에 無有法하야 得阿耨多羅三藐三菩提니이다

佛言하사되

如是如是니라 須菩提야 實無有法일새 如來 得阿耨多羅三藐三菩提니라 須菩提야 若有法하야 如來 得阿耨多羅三藐三菩提者ㄴ데는 然燈佛이 則不與我受記하사되 汝於來世에 當得作佛하면 號를 釋迦牟尼라하리라하라 以實無有法일새 得阿耨多羅三藐三菩提니 是故로 然燈佛이 與我受記하시고 作是言하사되 汝於來世에 當得作佛하면 號를 釋迦牟尼라하리라하리라 何以故오 如來者는 卽諸法에 如義니라 若有人이 言如來 得阿耨多羅三藐三菩提라하면 須菩提야 實無有法일새 佛이 得阿耨多羅三藐三菩提니라 須菩提야 如來所得阿耨多羅三藐三菩提는 於是中이 無實無虛니라

是故로 如來說 一切法이 皆是佛法이니라

須菩提야 所言一切法者는 卽非一切法일새 是故로 名이 一切法이니라 須菩提야 譬如人身이 長大니라

須菩提言하되

世尊하 如來說 人身長大는 則爲非大身일새 是名大身이니이다

須菩提야 菩薩도 亦如是하야 若作是言하되 我當滅度無量衆生이라하면 則不名菩薩이니 何以故오 須菩提야 實無有法을 名爲菩薩이니라 是故로 佛說一切法이 無我無人無衆生無壽者니라 須菩提야 若菩薩이 作是言하되 我當莊嚴佛土라하면 是不名菩薩이니 何以故오 如來說 莊嚴佛土者는 卽非莊嚴일새 是名莊嚴이니라

須菩提야 若菩薩이 通達無我法者ㄴ데는

如來說 名眞是菩薩이니라

○ 一體同觀分 第十八

須菩提야 於意云何오 如來 有肉眼不아
如是니다 世尊하 如來 有肉眼이시니이다
須菩提야 於意云何오 如來 有天眼不아
如是니다 世尊하 如來 有天眼이시니이다
須菩提야 於意云何오 如來 有慧眼不아
如是니다 世尊하 如來 有慧眼이시니이다
須菩提야 於意云何오 如來 有法眼不아
如是니다 世尊하 如來 有法眼이시니이다
須菩提야 於意云何오 如來 有佛眼不아
如是니다 世尊하 如來 有佛眼이시니이다
須菩提야 於意云何오 如恒河中所有沙를
佛說是沙不아

如是니다 世尊하 如來說 是沙니다

須菩提야 於意云何오 如一恒河中所有沙
有如是等恒河是諸恒河所有沙數佛_世
界如是가 寧爲多不아

甚多니다 世尊하

佛告須菩提하사되

爾所國土中所有衆生의 若干種心을 如來
悉知하시나니 何以故오 如來說 諸心이 皆爲
非心일새 是名爲心이니라 所以者何오 須菩
提야 過去心不可得이며 現在心不可得이며
未來心不可得이니라

○ 法界通化分 第十九

須菩提야 於意云何오 若有人이 滿三千大
千世界七寶로 以用布施하면 是人이 以是

因緣으로 得福이 多不아

如是니다 世尊하 此人은 以是因緣으로 得福이 甚多니다

須菩提야 若福德이 有實인데는 如來 不說 得福德多니 以福德이 無故로 如來說 得福德多니라

○ 離色離相分 第二十

須菩提야 於意云何오 佛을 可以具足色身으로 見不아

不也니다 世尊하 如來를 不應以具足色身으로 見이니 何以故오 如來說 具足色身은 卽非具足色身일새 是名具足色身이니이다

須菩提야 於意云何오 如來를 可以具足諸相으로 見不아

不也니다 世尊하 如來를 不應以具足諸相으로 見이니 何以故오 如來說 諸相具足은 卽非具足일새 是名諸相具足이니이다

○ 非說所說分 第二十一

須菩提야 汝勿謂하라 如來 作是念하되 我當有所說法하라 莫作是念하라 何以故오 若人이 言如來 有所說法이라하면 卽爲謗佛이며 不能解我所說故니라 須菩提야 說法者는 無法可說이 是名說法이니라

爾時에 慧命須菩提白佛言하되

世尊하 頗有衆生이 於未來世에 聞說是法하고 生_信心不잇가

佛言하사되

須菩提야 彼非衆生이며 非不衆生이니 何

以故오 須菩提야 衆生衆生者는 如來說
非衆生이 是名衆生이니라

○ 無法可得分 第二十二
須菩提白佛言하되
世尊하 佛이 得阿耨多羅三藐三菩提가 爲
無所得耶잇가
佛言하사되
如是如是니라 須菩提야 我於阿耨多羅三
藐三菩提에 乃至無有少法可得일새 是名
阿耨多羅三藐三菩提니라

○ 淨心行善分 第二十三
復次須菩提야 是法이 平等하야 無有高下
ㄹ새 是名阿耨多羅三藐三菩提니라 以無

我無人無衆生無壽者하고 修一切善法하면 則得阿耨多羅三藐三菩提니라 須菩提야 所言善法者는 如來說 卽非善法이 是名善法이니라

○ 福智無比分 第二十四

須菩提야 若三千大千世界中 所有諸須彌山王如是等七寶聚로 有人이 持用布施하고 若人이 以此般若波羅蜜經乃至四句偈等을 受持讀誦하야 爲他人說하면 於前福德은 百分에 不及一이며 百千萬億分乃至算數譬喩에 所不能及이니라

○ 化無所化分 第二十五

須菩提야 於意云何오 汝等은 勿謂하라 如

來作是念하되 我當度衆生하라 須菩提야 莫作是念하라 何以故오 實無有衆生을 如來度者니라 若有衆生을 如來度者ㄴ데는 如來도 則有我人衆生壽者니라

須菩提야 如來說 有我者는 則非有我언마는 而凡夫之人이 以爲有我하나니라 須菩提야 凡夫者는 如來說 則非凡夫니라

○ 法身非相分 第二十六

須菩提야 於意云何오 可以三十二相으로 觀如來不아

須菩提言하되

如是如是니이다 以三十二相으로 觀如來니이다

佛言하사되

須菩提야 若以三十二相으로 觀_如來者
ㄴ데는 轉輪聖王이 則是如來니라
須菩提白佛言하되
世尊하 如我解佛所說義로는 不應以三
十二相으로 觀_如來니이다
爾時에 世尊이 而說偈言하사되
　　若以色見我거나 以音聲求我하면
　　是人은 行邪道라 不能見如來니라

○ 無斷無滅分 第二十七
須菩提야 汝若作是念하되 如來 不以具足
相故로 得阿耨多羅三藐三菩提하라 須菩
提야 莫作是念하라 如來 不以具足相故로
得阿耨多羅三藐三菩提니라 須菩提야 汝
若作是念하되 發阿耨多羅三藐三菩提者

는 說諸法에 斷滅相하라 莫作是念하라 何以故오 發阿耨多羅三藐三菩提心者는 於法에 不說斷滅相이니라

○ 不受不貪分 第二十八

須菩提야 若菩薩이 以滿恒河沙等世界七寶로 持用布施하고 若復有人이 知一切法無我하야 得成於忍하면 此菩薩은 勝前菩薩의 所得功德이니 須菩提야 以諸菩薩이 不受福德故니라

須菩提白佛言하되

世尊하 云何菩薩이 不受福德이니잇고

須菩提야 菩薩의 所作福德을 不應貪着일새 是故로 說不受福德이니라

○ 威儀寂靜分 第二十九

須菩提야 若有人이 言如來 若來若去若坐若臥라하면 是人은 不解我所說義니 何以故오 如來者는 無所從來며 亦無所去ㄹ새 故名如來니라

○ 一合理相分 第三十

須菩提야 若善男子善女人이 以三千大千世界를 碎爲微塵하면 於意云何오 是微塵衆이 寧爲多不아

甚多니다 世尊하 何以故오 若是微塵衆이 實有者ㄴ데는 佛이 則不說是微塵衆이니 所以者何오 佛說微塵衆이 則非微塵衆일새 是名微塵衆이니이다 世尊하 如來所說三千大千世界가 則非世界ㄹ새 是名世界니 何

以故오 若世界가 實有者ㄴ데는 則是一合相이니 如來說 一合相은 則非一合相일새 是名一合相이니이다
須菩提야 一合相者는 則是不可說이언마는 但凡夫之人이 貪著其事니라

○ 知見不生分 第三十一

須菩提야 若人이 言佛說我見人見衆生見壽者見이라하면 須菩提야 於意云何오 是人이 解我所說義不아
不也니이다 世尊하 是人은 不解如來所說義니 何以故오 世尊하 說我見人見衆生見壽者見은 卽非我見人見衆生見壽者見일새 是名我見人見衆生見壽者見이니이다
須菩提야 發阿耨多羅三藐三菩提心者는

於一切法에 應如是知며 如是見이며 如是信解하야 不生法相이니라 須菩提야 所言法相者는 如來說 卽非法相이 是名法相이니라

○ 應化非眞分 第三十二

須菩提야 若有人이 以滿無量阿僧祇世界七寶로 持用布施하고 若有善男子善女人이 發菩薩心者 持於此經에 乃至四句偈等을 受持讀誦하야 爲人演說하면 其福이 勝彼니 云何爲人演說고 不取於相하야 如如不動이니라

何以故오

一切有爲法이 如夢幻泡影이며
如露亦如電이니 應作如是觀이니라

佛說是經已하시니 長老須菩提와 及諸比

丘比丘尼優婆塞優婆夷一切世間天人阿
修羅 聞佛所說하고 皆大歡喜하야 信受奉
行하나니라

　　　　　　　金剛般若波羅蜜經 終

금강반야바라밀경

독송본

손석재 선생님 법어

법이다.
보아라.

비우고 비우고 또 비워
티끌만한
미세한 분별도 있지 아니한 그 자리
무량대복無量大福이 꽉 찬 그 자리
이 세상 모든 중생에게 다 나누어 주어도
조금도 줄어들지 아니하고
그대로 있는 그 자리

밝기가 낮과 같이 밝되 무내외無內外라
안팎 없이 밝은 이 보배를
너에게 주노니
네가 지킬 테냐?

백성욱 박사님 말씀

몸도 마음도 탐욕과 진심과 어리석음도
부처님께 바치고, 기쁨도 슬픔도 근심도 고통도
모두 바쳐야 한다.

모든 것을 부처님께 바칠 때 평안平安이 오고,
일체를 바치고 났을 때 법열法悅이 생기는 것이다.

나는 부처님 곁을 떠나는 날이 없다.
나의 마음속에 그리고 나의 생활 속에는 항상
부처님이 계시다.

나의 이러한 신앙심은 내가 부처님과 인연을
맺은 날부터 지금에 이르도록 변함이 없다.

나의 모든 고행은 명리名利를 얻고자 함이 아니요,
다만 모든 것을 부처님께 바치는
수행修行 과정이었고 구도求道 행각行脚이었다.

금강반야바라밀경

요진 삼장법사 구마라습 봉조역
대한불교조계종 교육원 한편역
백성욱 박사 현토

○ **법회인유분 제일**

여시아문하사오니 **일시**에 **불**이 **재사위국 기수급고독원**하사 **여대비구중천이백오십인**으로 **구**하시다 **이시**에 **세존**이 **식시**에 **착의지발**하시고 **입사위대성**하사 **걸식**하실새 **어기성중**에 **차제걸이**하시고 **환지본처**하사 **반사흘**하시고 **수의발**하시고 **세족이**하시고 **부좌이좌**하시다

○ 선현기청분 제이

시에 장로수보리 재대중중하야 즉종좌기하고 편단우견하고 우슬착지하고 합장공경하야 이백불언하되

희유세존하 여래 선_호념제보살하시며 선_부촉제보살하시나니까 세존하 선남자선여인이 발아누다라삼먁삼보리심인데는 응_운하주며 운하항복기심이니잇고

불언하사되

선재선재라 수보리야 여여소설하야 여래 선_호념제보살하시며 선_부촉제보살하시나니라 여금제청하라 당위여설하리라 선남자선여인이 발아누다라삼먁삼보리심인데는 응_여시주며 여시항복기심이니라

유연이니이다 세존하 원락욕문하나이다

○ **대승정종분 제삼**

불고수보리하사되
제보살마하살이 **응여시항복기심**이니 **소유일체중생지류 약_난생 약_태생 약_습생 약_화생 약_유색 약_무색 약_유상 약_무상 약_비유상비무상**을 **아개영입무여열반**하야 **이멸도지**하리라하라 **여시멸도무량무수무변중생**하되 **실무중생**이 **득멸도자**니라 **하이고**오 **수보리**야 **약보살**이 **유아상인상중생상수자상**이면 **즉비보살**이니라

○ **묘행무주분 제사**

부차수보리야 **보살**은 **어법**에 **응무소주**하야 **행어보시**니 **소위 부주색보시**며 **부주성**

향미촉법보시니라 수보리야 보살은 응여시보시하야 부주어상이니 하이고오 약_보살이 부주상보시며는 기복덕은 불가사량하리라 수보리야 어의운하오 동방허공을 가사량부아

불야니다 세존하

수보리야 남서북방사유상하허공을 가사량부아

불야니다 세존하

수보리야 보살의 무주상보시복덕이 역부여시하야 불가사량이니라 수보리야 보살은 단응여소교주니라

○ **여리실견분 제오**

수보리야 어의운하오 가이신상으로 견_여

래부아
불야니다 세존하 불가이신상으로 득견여래니 하이고오 여래소설신상이 즉비신상이니이다
불고수보리하사되
   범소유상은 개시허망이라
   약견제상이 비상이면 즉견여래니라

○ 정신희유분 제육

수보리백불언하되
세존하 파유중생이 득문여시언설장구하고 생_실신부잇가
불고수보리하사되
막작시설하라 여래멸후 후오백세에 유_지계수복자 어차장구에 능생신심하야 이

차위실하면 당지시인은 불어일불이불삼사오불 이종선근이라 이어무량천만불소에 종제선근하고 문시장구하고 내지일념이나 생_정신자니라 수보리야 여래 실지실견시제중생이 득_여시무량복덕이니 하이고오 시제중생은 무부아상인상중생상수자상이며 무법상이며 역무비법상이니라 하이고오 시제중생이 약심취상이면 즉위착아인중생수자며 약취법상이라도 즉착아인중생수자니 하이고오 약취비법상인데는 즉착아인중생수자니라 시고로 불응취법이며 불응취비법이니 이시의고로 여래상설하사되 여등비구는 지아설법을 여벌유자니 법상응사온 하황비법이랴

○ 무득무설분 제칠

수보리야 어의운하오 여래 득아누다라
삼먁삼보리야아 여래 유소설법야아
수보리언하되
여아해불소설의로는 무유정법을 명아누
다라삼먁삼보리며 역무유정법을 여래가
설이니 하이고오 여래소설법은 개불가취며
불가설이며 비법이며 비_비법이니이다 소이
자하오 일체현성이 개이무위법에 이유차
별이시니이다

○ 의법출생분 제팔

수보리야 어의운하오 약인이 만삼천대천
세계칠보로 이용보시하면 시인의 소득복
덕이 영위다부아

수보리언하되
심다니다 세존하 하이고오 시복덕이 즉비복덕성일새 시고로 여래설 복덕다니이다
약부유인이 어차경중에 수지내지사구게등하야 위타인설하면 기복이 승피니 하이고오 수보리야 일체제불과 급제불아누다라삼먁삼보리법이 개종차경이 출이니라 수보리야 소위 불법자는 즉비불법이니라

○ 일상무상분 제구

수보리야 어의운하오 수다원이 능작시념이면 아득수다원과부아
수보리언하되
불야니다 세존하 하이고오 수다원은 명위입류로되 이무소입하야 불입색성향미촉

법이 시명수다원이니이다

수보리야 어의운하오 사다함이 능작시념이면 아득사다함과부아

수보리언하되

불야니다 세존하 하이고오 사다함은 명이 일왕래로되 이실무왕래ㄹ새 시명사다함이니이다

수보리야 어의운하오 아나함이 능작시념이면 아득아나함과부아

수보리언하되

불야니다 세존하 하이고오 아나함은 명위불래로되 이실무불래ㄹ새 시고로 명이 아나함이니이다

수보리야 어의운하오 아라한이 능작시념이면 아득아라한도부아

수보리언하되

불야니다 세존하 하이고오 실무유법을 명이 아라한이니이다 세존하 약아라한이 작시념하되 아득아라한도라하면 즉위착아인중생수자니이다 세존하 불설아득무쟁삼매하야 인중최위제일이라하시면 시제일이욕아라한이니이다 아부작시념하되 아시이욕아라한이니이다 세존하 아약작시념하되 아득아라한도라하면 세존하 즉불설수보리가 시락아란나행자니 이수보리 실무소행일새 이명수보리 시락아란나행이니다

○ 장엄정토분 제십

불고수보리하사되

어의운하오 여래 석재연등불소에 어법에

유소득부아
불야니다 세존하 여래 재연등불소에 어법에 실무소득이시니이다
수보리야 어의운하오 보살이 장엄불토부아
불야니다 세존하 하이고오 장엄불토자는 즉비장엄일새 시명장엄이니이다
시고로 수보리야 제보살마하살이 응여시생_청정심하되 불응주색생심이며 불응주성향미촉법생심이며 응무소주하야 이생기심이니라 수보리야 비여유인이 신여수미산왕하면 어의운하오 시신이 위대부아 수보리언하되
심대니다 세존하 하이고오 불설비신이 시명대신이니이다

○ 무위복승분 제십일

수보리야 여항하중소유사수여시사등항하를 어의운하오 시제항하사가 영위다부아

수보리언하되

심다니다 세존하 단제항하도 상다무수온 하황기사리니이까

수보리야 아금에 실언으로 고여하노니 약유선남자선여인이 이칠보만_이소항하사수삼천대천세계이용보시하면 득복이 다부아

수보리언하되

심다니다 세존하

불고수보리하사되

약선남자선여인이 어차경중에 내지수

지사구게등하야 위타인설하면 이차복덕은 승전복덕하리라

○ 존중정교분 제십이

부차수보리야 수설시경하되 내지사구게등하면 당지차처는 일체세간천인아수라 개응공양을 여불탑묘은 하황유인이 진능수지독송이랴 수보리야 당지시인은 성취최상제일희유지법이니라 약시경전소재지처에는 즉위유불커나 약존중제자니라

○ 여법수지분 제십삼

이시에 수보리백불언하되
세존하 당하명차경이며 아등이 운하봉지니잇고

불고수보리하사되
시경은 명위금강반야바라밀이니 이시명
자로 여당봉지하라 소이자하오 수보리야
불설반야바라밀이 즉비반야바라밀일새
시명반야바라밀이니라 수보리야 어의운
하오 여래 유소설법부아
수보리백불언하되
세존하 여래 무소설이시니이다
수보리야 어의운하오 삼천대천세계소유
미진이 시위다부아
수보리언하되
심다니다 세존하
수보리야 제미진을 여래설 비미진이 시
명미진이니라 여래설 세계가 비세계ㄹ새
시명세계니라 수보리야 어의운하오 가이

삼십이상으로 견_여래부아
불야니다 세존하 불가이삼십이상으로 득
견여래니 하이고오 여래설 삼십이상이
즉시비상일새 시명삼십이상이니이다
수보리야 약유선남자선여인이 이_항하
사등신명으로 보시하고 약부유인이 어차
경중에 내지수지사구게등하야 위타인설
하면 기복이 심다니라

○ 이상적멸분 제십사

이시에 수보리 문설시경하고 심해의취하고
체루비읍하야 이백불언하되
희유세존하 불설여시심심경전하시니 아
종석래에 소득혜안으로는 미증득문여시
지경이니이다 세존하 약부유인이 득문시경

하고 신심이 청정하야 즉생실상하면 당지시인은 성취제일희유공덕이니이다 세존하 시실상자 즉시비상일새 시고로 여래설 명실상이니이다 세존하 아금에 득문여시경전하고 신해수지는 부족위난이어니와 약당래세후오백세에 기유중생이 득문시경하고 신해수지하면 시인은 즉위제일희유니 하이고오 차인은 무아상무인상무중생상무수자상이니 소이자하오 아상이 즉시비상이며 인상중생상수자상이 즉시비상이니 하이고오 이일체제상하면 즉명제불이니이다
불고수보리하사되
여시여시니라 약부유인이 득문시경하고 불경불포불외하면 당지시인은 심위희유니 하이고오 수보리야 여래설 제일바라

밀이 비제일바라밀일새 시명제일바라밀이니라

수보리야 인욕바라밀을 여래설 비인욕바라밀이니라 하이고오 수보리야 여아석위가리왕의 할절신체할새 아어이시에 무아상무인상무중생상무수자상이니 하이고오 아어왕석절절지해시에 약유아상인상중생상수자상이면 응생진한하리라

수보리야 우념하니 과거어_오백세에 작인욕선인할새 어이소세에 무아상무인상무중생상무수자상이니 시고로 수보리야 보살은 응리일체상하고 발아누다라삼먁삼보리심일새 불응주색생심이며 불응주성향미촉법생심이며 응생무소주심이니 약심유주면 즉위비주니라 시고로 불설보살은

심불응주색보시니라 수보리야 보살은 위이익일체중생하야 응여시보시니라 여래설 일체제상이 즉시비상이며 우설일체중생이 즉비중생이니라

수보리야 여래는 시진어자며 실어자며 여어자며 불_광어자며 불_이어자니라 수보리야 여래소득법은 차법이 무실무허니라 수보리야 약보살이 심주어법하고 이행보시하면 여인이 입암에 즉무소견이니라 약보살이 심부주법하고 이행보시하면 여인이 유목하고 일광이 명조하야 견_종종색이니라 수보리야 당래지세에 약유선남자선여인이 능어차경에 수지독송하면 즉위여래이불지혜로 실지시인하시며 실견시인이 개득성취 무량무변공덕이니라

○ 지경공덕분 제십오

수보리야 약유선남자선여인이 초일분에 이항하사등신으로 보시하고 중일분에 부이항하사등신으로 보시하고 후일분에 역이항하사등신으로 보시여시무량백천만억겁에 이신보시하고 약부유인이 문차경전하고 신심이 불역하면 기복이 승피니 하황서사수지독송하야 위인해설이랴 수보리야 이요언지컨데는 시경이 유불가사의불가칭량무변공덕이니 여래 위발대승자설이시며 위발최상승자설이시니라 약유인이 능수지독송하야 광위인설하면 여래 실지시인하시며 실견시인이 개득성취 불가량불가칭무유변불가사의공덕이니 여시인등은 즉위하담여래아누다라삼먁삼보리니라 하이고오 수보리야 약락소법자는 착아견인견중생견수자견일새 즉어차경에 불능청수독송하야 위인해설이니라 수보리야 재재처처에 약유차경이면 일체세간천인아수라 소응공양하리니 당지차처는 즉위시탑이라 개응공경작례위요하야 이제화향으로 이산기처니라

○ 능정업장분 제십육

부차수보리야 선남자선여인이 수지독송차경하되 약위인경천하면 시인은 선세죄업으로 응타악도언마는 이금세인이 경천고로 선세죄업을 즉위소멸하고 당득아누다라삼먁삼보리니라 수보리야 아념하니 과거무량아승기겁에 어연등불전에 득치

팔백사천만억나유타제불하야 실개공양승사하야 무공과자니라 약부유인이 어후말세에 능수지독송차경하면 소득공덕은 어아소공양제불공덕이 백분에 불급일이며 천만억분내지산수비유에 소불능급이니라 수보리야 약선남자선여인이 어후말세에 유수지독송차경하면 소득공덕을 아약구설자ㄴ데는 혹유인이 문하고 심즉광란하야 호의불신하리라 수보리야 당지시경의가 불가사의일새 과보도 역불가사의니라

○ 구경무아분 제십칠

이시에 수보리백불언하되
세존하 선남자선여인이 발아누다라삼먁삼보리심인데는 운하응주며 운하항복기

심이니잇고

불고수보리하사되

선남자선여인이 발아누다라삼먁삼보리자ㄴ데는 당생여시심하되 아응멸도일체중생하리라하라 멸도일체중생이코는 이무유일중생이 실멸도자니라 하이고오 수보리야 약보살이 유아상인상중생상수자상이면 즉비보살이니라 소이자하오 수보리야 실무유법일새 발아누다라삼먁삼보리자니라 수보리야 어의운하오 여래 어연등불소에 유법하야 득아누다라삼먁삼보리부아 불야니다 세존하 여아해불소설의로는 불이 어연등불소에 무유법하야 득아누다라삼먁삼보리니이다

불언하사되

여시여시니라 수보리야 실무유법일새 여래 득아누다라삼먁삼보리니라 수보리야 약유법하야 여래 득아누다라삼먁삼보리자ㄴ데는 연등불이 즉불여아수기하사되 여어래세에 당득작불하면 호를 서가모니라하리라하라 이실무유법일새 득아누다라삼먁삼보리니 시고로 연등불이 여아수기하시고 작시언하사되 여어래세에 당득작불하면 호를 서가모니라하리라하라 하이고오 여래자는 즉제법에 여의니라 약유인이 언여래 득아누다라삼먁삼보리라하면 수보리야 실무유법일새 불이 득아누다라삼먁삼보리니라 수보리야 여래소득아누다라삼먁삼보리는 어시중이 무실무허니라

시고로 여래설 일체법이 개시불법이니라

수보리야 소언일체법자는 즉비일체법일새 시고로 명이 일체법이니라 수보리야 비여인신이 장대니라

수보리언하되
세존하 여래설 인신장대는 즉위비대신일새 시명대신이니이다

수보리야 보살도 역여시하야 약작시언하되 아당멸도무량중생이라하면 즉불명보살이니 하이고오 수보리야 실무유법을 명위보살이니라 시고로 불설일체법이 무아무인무중생무수자니라 수보리야 약보살이 작시언하되 아당장엄불토라하면 시불명보살이니 하이고오 여래설 장엄불토자는 즉비장엄일새 시명장엄이니라

수보리야 약보살이 통달무아법자ㄴ데는

여래설 명진시보살이니라

○ 일체동관분 제십팔

수보리야 어의운하오 여래 유육안부아
여시니다 세존하 여래 유육안이시니이다
수보리야 어의운하오 여래 유천안부아
여시니다 세존하 여래 유천안이시니이다
수보리야 어의운하오 여래 유혜안부아
여시니다 세존하 여래 유혜안이시니이다
수보리야 어의운하오 여래 유법안부아
여시니다 세존하 여래 유법안이시니이다
수보리야 어의운하오 여래 유불안부아
여시니다 세존하 여래 유불안이시니이다
수보리야 어의운하오 여항하중소유사를
불설시사부아

여시니다 세존하 여래설 시사니다
수보리야 어의운하오 여일항하중소유사
유여시등항하시제항하소유사수불_세
계여시가 영위다부아
심다니다 세존하
불고수보리하사되
이소국토중소유중생의 약간종심을 여래
실지하시나니 하이고오 여래설 제심이 개위
비심일새 시명위심이니라 소이자하오 수보
리야 과거심불가득이며 현재심불가득이며
미래심불가득이니라

○ 법계통화분 제십구

수보리야 어의운하오 약유인이 만삼천대
천세계칠보로 이용보시하면 시인이 이시

인연으로 득복이 다부아

여시니다 세존하 차인은 이시인연으로 득복이 심다니다

수보리야 약복덕이 유실인데는 여래 불설 득복덕다니 이복덕이 무고로 여래설 득복덕다니라

○ 이색이상분 제이십

수보리야 어의운하오 불을 가이구족색신으로 견부아

불야니다 세존하 여래를 불응이구족색신으로 견이니 하이고오 여래설 구족색신은 즉 비구족색신일새 시명구족색신이니이다

수보리야 어의운하오 여래를 가이구족제상으로 견부아

불야니다 세존하 여래를 불응이구족제상으로 견이니 하이고오 여래설 제상구족은 즉비구족일새 시명제상구족이니이다

○ 비설소설분 제이십일

수보리야 여물위하라 여래 작시념하되 아당유소설법하라 막작시념하라 하이고오 약인이 언여래 유소설법이라하면 즉위방불이며 불능해아소설고니라 수보리야 설법자는 무법가설이 시명설법이니라

이시에 혜명수보리백불언하되

세존하 파유중생이 어미래세에 문설시법하고 생_신심부잇가

불언하사되

수보리야 피비중생이며 비불중생이니 하

이고오 수보리야 중생중생자는 여래설
비중생이 시명중생이니라

○ 무법가득분 제이십이

수보리백불언하되
세존하 불이 득아누다라삼먁삼보리가 위
무소득야잇가
불언하사되
여시여시니라 수보리야 아어아누다라삼
먁삼보리에 내지무유소법가득일새 시명
아누다라삼먁삼보리니라

○ 정심행선분 제이십삼

부차수보리야 시법이 평등하야 무유고하
ㄹ새 시명아누다라삼먁삼보리니라 이무

아무인무중생무수자하고 수일체선법하면 즉득아누다라삼먁삼보리니라 수보리야 소언선법자는 여래설 즉비선법이 시명선법이니라

○ 복지무비분 제이십사

수보리야 약삼천대천세계중 소유제수미산왕여시등칠보취로 유인이 지용보시하고 약인이 이차반야바라밀경내지사구게등을 수지독송하야 위타인설하면 어전복덕은 백분에 불급일이며 백천만억분내지산수비유에 소불능급이니라

○ 화무소화분 제이십오

수보리야 어의운하오 여등은 물위하라 여

래작시념하되 아당도중생하라 수보리야 막작시념하라 하이고오 실무유중생을 여래도자니라 약유중생을 여래도자ㄴ데는 여래도 즉유아인중생수자니라

수보리야 여래설 유아자는 즉비유아언마는 이범부지인이 이위유아하나니라 수보리야 범부자는 여래설 즉비범부니라

○ 법신비상분 제이십육

수보리야 어의운하오 가이삼십이상으로 관_여래부아

수보리언하되

여시여시니이다 이삼십이상으로 관_여래니이다

불언하사되

수보리야 약이삼십이상으로 관_여래자
ㄴ데는 전륜성왕이 즉시여래니라
수보리백불언하되
세존하 여아해불소설의로는 불응이삼
십이상으로 관_여래니이다
이시에 세존이 이설게언하사되
　약이색견아커나 이음성구아하면
　시인은 행사도라 불능견여래니라

○ 무단무멸분 제이십칠

수보리야 여약작시념하되 여래 불이구족
상고로 득아누다라삼먁삼보리하라 수보
리야 막작시념하라 여래 불이구족상고로
득아누다라삼먁삼보리니라 수보리야 여
약작시념하되 발아누다라삼먁삼보리자

는 설제법에 단멸상하라 막작시념하라 하이고오 발아누다라삼약삼보리심자는 어법에 불설단멸상이니라

○ 불수불탐분 제이십팔

수보리야 약보살이 이만항하사등세계칠보로 지용보시하고 약부유인이 지일체법무아하야 득성어인하면 차보살은 승전보살의 소득공덕이니 수보리야 이제보살이 불수복덕고니라
수보리백불언하되
세존하 운하보살이 불수복덕이니잇고
수보리야 보살의 소작복덕을 불응탐착일새 시고로 설불수복덕이니라

○ 위의적정분 제이십구

수보리야 약유인이 언여래 약래약거약좌약와라하면 시인은 불해아소설의니 하이고오 여래자는 무소종래며 역무소거ㄹ새 고명여래니라

○ 일합이상분 제삼십

수보리야 약선남자선여인이 이삼천대천세계를 쇄위미진하면 어의운하오 시미진중이 영위다부아
심다니다 세존하 하이고오 약시미진중이 실유자ㄴ데는 불이 즉불설시미진중이니 소이자하오 불설미진중이 즉비미진중일새 시명미진중이니이다 세존하 여래소설삼천대천세계가 즉비세계ㄹ새 시명세계니 하

이고오 약세계가 실유자ㄴ데는 즉시일합상이니 여래설 일합상은 즉비일합상일새 시명일합상이니이다
수보리야 일합상자는 즉시불가설이언마는 단범부지인이 탐착기사니라

○ 지견불생분 제삼십일

수보리야 약인이 언불설아견인견중생견수자견이라하면 수보리야 어의운하오 시인이 해아소설의부아
불야니다 세존하 시인은 불해여래소설의니하이고오 세존하 설아견인견중생견수자견은 즉비아견인견중생견수자견일새 시명아견인견중생견수자견이니이다
수보리야 발아누다라삼먁삼보리심자는

어일체법에 응여시지며 여시견이며 여시신해하야 불생법상이니라 수보리야 소언법상자는 여래설 즉비법상이 시명법상이니라

○ 응화비진분 제삼십이

수보리야 약유인이 이만무량아승기세계 칠보로 지용보시하고 약유선남자선여인이 발보살심자 지어차경에 내지사구게 등을 수지독송하야 위인연설하면 기복이 승피니 운하위인연설고 불취어상하야 여여부동이니라

하이고오

일체유위법이 여몽환포영이며

여로역여전이니 응작여시관이니라

불설시경이하시니 장로수보리와 급제비

구비구니우바새우바이일체세간천인아수라 문불소설하고 개대환희하야 신수봉행하니라

금강반야바라밀경 끝

백성욱 박사님의 금강경수행
마음 닦는 법

미륵존여래불彌勒尊如來佛을 마음으로 읽어서 귀로 듣도록 하면서 당신의 생각은 무엇이든지 부처님께 바치는 마음을 연습하십시오. 궁리를 가지면 병病이 되고 참으면 폭발합니다. 이것을 닦는 사람의 항복기심降伏其心이라고 합니다.

아침저녁으로 금강경金剛經을 읽으시되 직접 부처님 앞에서 마음 닦는 법을 강의 듣는 마음으로 믿어 들으시고, 실행하여 습관이 되도록 하십시오.

그리고 육체는 규칙적으로 일하시고, 정신은 절대로 가만두십시오. 이와 같이 백일百日을 일기一期로 하여 대략 십회十回가량 되풀이하시면, 몸뚱이로 인연한 모든 근심 걱정이 사라지고 장차 어떻게 사느냐 하는 문제가 해결됩니다. 이것은 아상我相이 없어진 연고입니다. 이것을 초심불교의 행상行相이라고 할까요.

주의하실 일은 공부工夫를 하겠다면 탐심貪心이요, 왜 안되냐 하면 진심嗔心이며, 공부가 잘된다 하면 치심癡心이니, 이 세 가지 아니하는 것이 수도修道일진대 꾸준히 하시되 아니하지만 말면 됨이라.

고인古人은 '사가이면면 불가이근근斯可以綿綿 不可以勤勤'이라 했지요.

백성욱 박사님의 해석
육바라밀六波羅蜜

보시布施 ; 남을 대할 때는 주는 마음으로 대하여라. 그리고 보수 없는 일을 연습하여라. 이것이 탐심貪心을 제거하는 보시바라밀이니라.

지계持戒 ; 미안에 머무르지 말라. 후회하는 일을 적게 하라. 이것이 진심嗔心을 제거하는 지계바라밀이니라.

인욕忍辱 ; 모든 사람을 부처님으로 보라. 부처님이 욕하신다면(나무라신다면) 배우고 깨쳐 볼 일이니 이것이 치심癡心을 제거하는 인욕바라밀이니라.

정진精進 ; 이 세 가지는 사람으로 세상을 대하는 법이니 옳거든 부지런히 실행하라. 이것이 정진바라밀이니라.

선정禪定 ; 이러한 과정으로 시간이 경과함에 따라 마음이 안정되나니 이것이 선정바라밀이니라.

반야般若 ; 이것이 익숙해지면 마음이 편해지고 지혜(般若)가 나고 일에 대하여 의심이 없나니 이것이 반야바라밀이니라.

본 금강반야바라밀경 독송본은 동국대학교 총장을 역임하신 백성욱 박사님(1897~1981)의 음성녹음으로 한글 토를 붙였으며, 조계종의 한편역본을 적용하였습니다. 문법 형식보다는 뜻을 생각하며 독송하기 쉽도록 실질적으로 편집하였습니다.

金剛般若波羅蜜經
독송본

초판 : 2025년 5월 15일
발행처 : 백성욱 박사 교육문화재단
제작 | 김원수
　　　도서출판 바른법연구원
주소 | 서울시 마포구 망원로 10길 21
등록번호 | 540-90-01473
등록일자 | 2020년 9월 1일
구입 및 법보시 문의 | 031-963-2871

네이버 카페명 | 백성욱박사 교육문화재단
유튜브 채널명 | 백성욱박사 교육문화재단

ⓒ 2025, 김원수

ISBN 979-11-987476-3-1 03220
값 9,000원

※이 책에 실린 내용은 무단으로 복제하거나 전재할 수 없습니다.
※잘못된 책은 교환해 드립니다.